Impressum
Verlag: BABADADA GmbH, Nedderfeld 112 , 22529 Hamburg
Geschäftsführer / Verlagsleitung: Harald Hof
Druck: Books on Demand GmbH, In de Tarpen 42, 22848 Norderstedt

Imprint
Publisher: BABADADA GmbH, Nedderfeld 112 , 22529 Hamburg, Germany
Managing Director / Publishing direction: Harald Hof
Print: Books on Demand GmbH, In de Tarpen 42, 22848 Norderstedt, Germany

училище

škola

класна стая
učionica
деление
dijeliti
186/2
черна дъска
ploča
училищен двор
školsko dvorište
учител
učitelj
хартия
papir
пиша
pisati
химикал
kemijska olovka
бюро
pisaći stol
линеал
ravnalo
книга
knjiga
ученик
učenik

ученическа раница

torba

ученически несесер

pernica

молив

grafitna olovka

острилка за моливи

šiljilo za olovke

гума

gumica za brisanje

блок за рисуване

blok za crtanje

рисунка

crtež

четка

kist

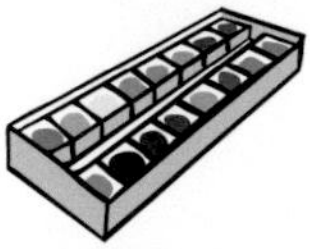

акварелни бои

kutija s bojama

ножица

makaze

лепило

ljepilo

тетрадка за упражнения

bilježnica

домашна работа

domaći zadatak

число

broj

събиране

sabirati

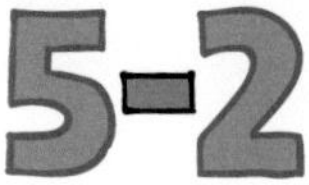

изваждане

oduzimati

умножение

množiti

смятане

računati

буква

slovo

азбука

abeceda

дума

riječ

текст

tekst

чета

čitati

тебешир

kreda

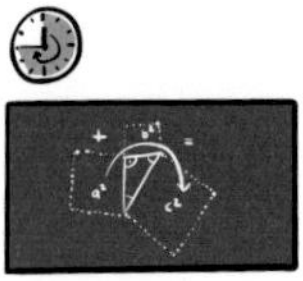

час

sat

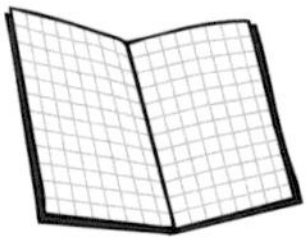

дневник на класа

dnevnik

изпит

ispit

свидетелство

svjedodžba

ученическа униформа

školska uniforma

образование

obrazovanje

справочник

leksikon

университет

sveučilište

микроскоп

mikroskop

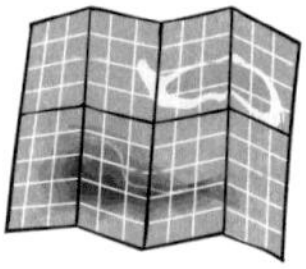

карта

karta

кошче за хартиени отпадъци

košara za papir

пътуване
putovanje

Grand
хотел
hotel
хостел
prenoćište
ROOMS
EXCHANGE
обменно бюро
mjenjačnica
куфар
kofer
кола
auto

език

jezik

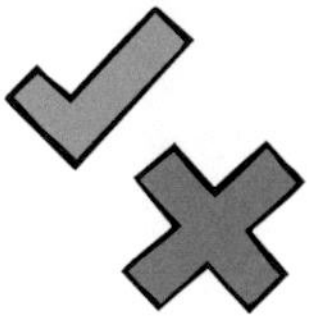

да / не

da / ne

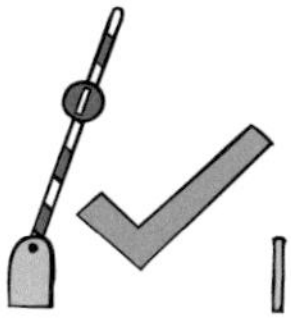

Окей

okay

здравей

zdravo

преводач

prevoditelj

Благодаря

hvala

Колко струва…?

Koliko košta...?

Не разбирам

ne razumijem

проблем

problem

Добър вечер!

dobro veče!

Добро утро!

Dobro jutro!

Лека нощ!

Laku noć!

довиждане

doviđenja

посока

smjer

багаж

prtljaga

пътна чанта

torba

раница

ruksak

посетител

gost

стая

soba

спален чувал

vreća za spavanje

палатка

šator

уристическа информация

turističke informacije

плаж

plaža

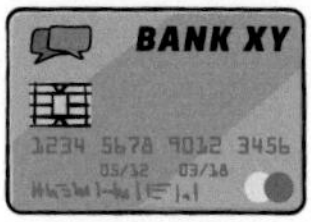

кредитна карта

kreditna kartica

закуска

doručak

обед

ručak

вечеря

večera

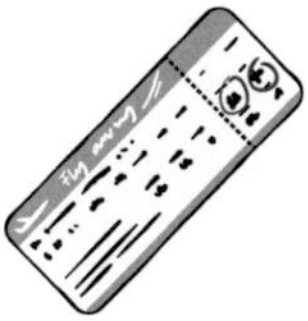

билет

karta za vožnju

асансьор

dizalo

пощенска марка

poštanska markica

граница

granica

митница

carina

посолство

ambasada

виза

viza

паспорт

putovnica

транспорт

transport

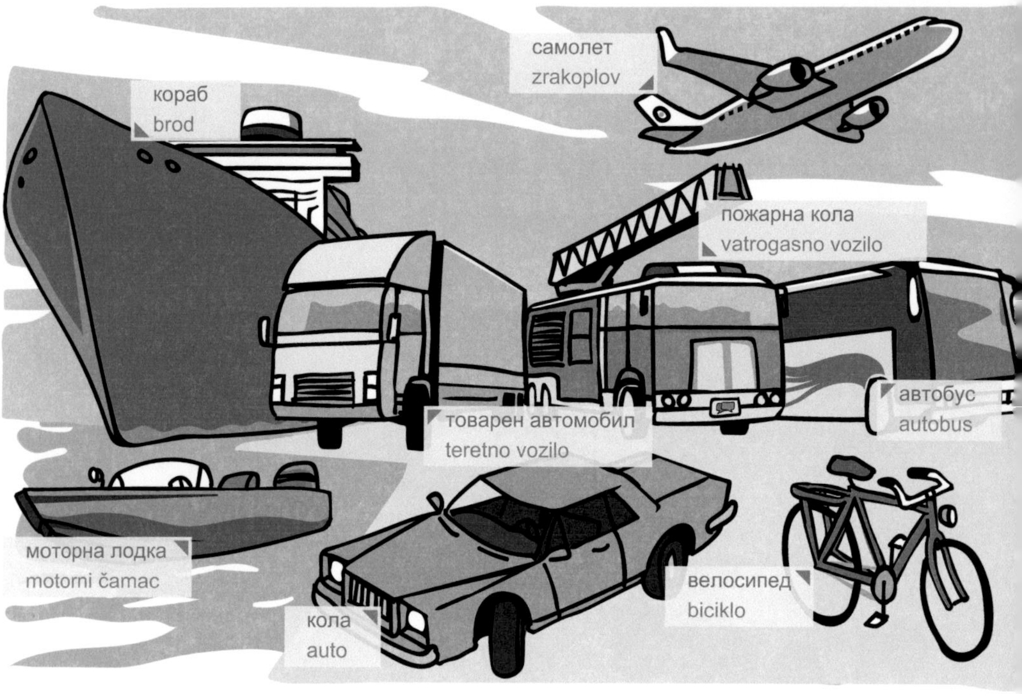
самолет
zrakoplov
кораб
brod
пожарна кола
vatrogasno vozilo
автобус
autobus
товарен автомобил
teretno vozilo
моторна лодка
motorni čamac
велосипед
biciklo
кола
auto

ферибот

trajekt

лодка

čamac

мотоциклет

motocikl

полицейска кола

policijski auto

състезателна кола

trkaći auto

кола под наем

iznajmljeno auto

каршеринг

dijeljenje automobila

автомобил от "Пътна помощ"

vučno vozilo

сметовоз

vozilo za odvoz smeća

двигател

motor

бензин

benzin

бензиностанция

benzinska postaja

пътен знак

prometni znak

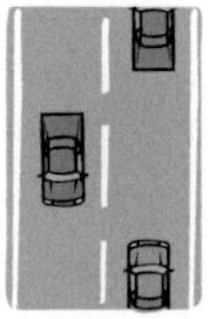

улично движение

promet

задръстване

zastoj

паркинг

parkiralište

гара

kolodvor

релси

šine

влак

vlak

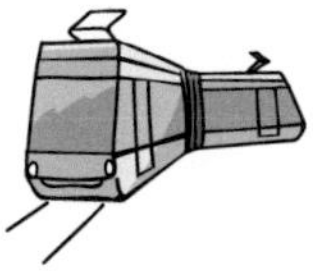

трамвай

tramvaj

вагон

vagon

хеликоптер

helikopter

аерогара

zrakoplovna luka

кула

toranj

пасажер

putnik

контейнер

kontejner

кашон

karton

ръчна количка

kolica

кошница

košara

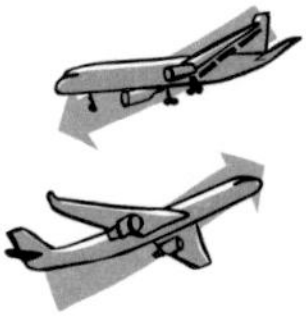

излитам / приземявам се

uzletjeti / sletjeti

град

grad

село

selo

градски център

centar grada

къща

kuća

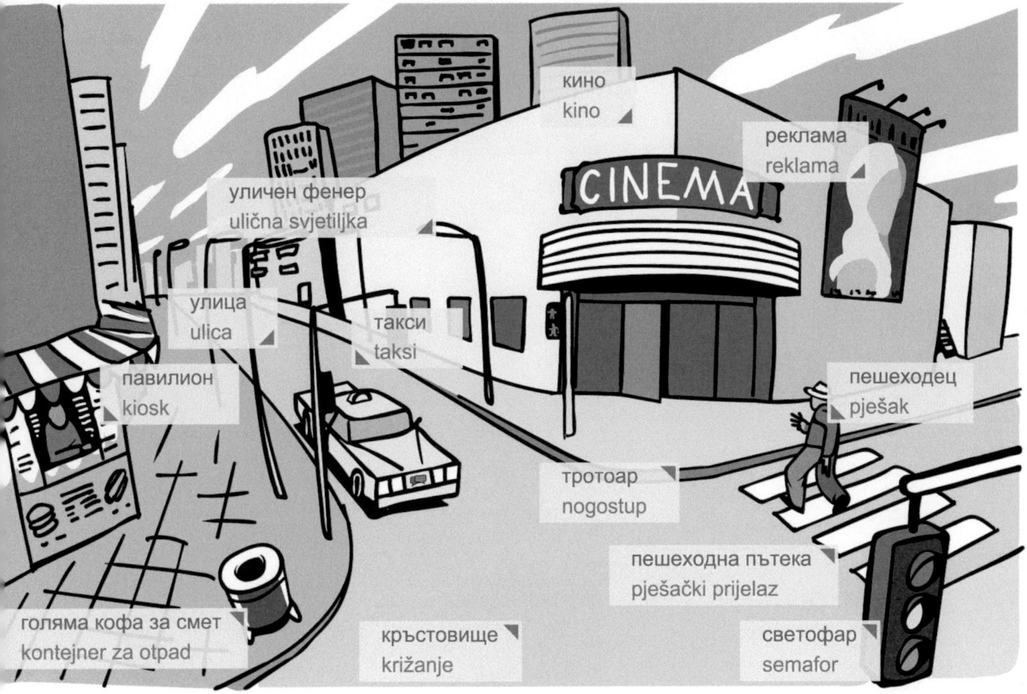

кино
kino
реклама
reklama
CINEMA
уличен фенер
ulična svjetiljka
улица
ulica
такси
taksi
павилион
kiosk
пешеходец
pješak
тротоар
nogostup
пешеходна пътека
pješački prijelaz
голяма кофа за смет
kontejner za otpad
кръстовище
križanje
светофар
semafor

хижа

koliba

жилище

stan

гара

kolodvor

кметство

vijećnica

MUSEUM

музей

muzej

училище

škola

университет

sveučilište

банка

banka

болница

bolnica

хотел

hotel

аптека

ljekarna

офис

ured

книжарница

knjižara

магазин за цветя

prodavaonica

магазин за цветя

cvjećara

супермаркет

supermarket

пазар

trg

универсален магазин

robna kuća

търговец на риба

ribarnica

търговски център

trgovački centar

пристанище

luka

парк

park

пейка

klupa

мост

most

стълба

stepenice

метро

podzemna željeznica

тунел

tunel

автобусна спирка

autobusna stanica

бар

bar

ресторант

restoran

пощенска кутия

poštansko sanduče

улична табелка

ulični znak

часовник за паркинг престой

parkirni sat

зоологическа градина

zoološki vrt

плувен басейн

bazen

джамия

džamija

селски двор

seosko gazdinstvo

замърсяване на околната среда

zagađenje okoliša

гробище

groblje

църква

crkva

детска площадка

igralište

храм

hram

пейзаж

krajolik

листо
list
пътепоказател
putokaz
път
put
ливада
livada
камък
kamen
пътешественик
šetač
дърво
drvo
река
rijeka
трева
trava
цвете
cvijet

долина

dolina

планина

planina

море

jezero

гора

šuma

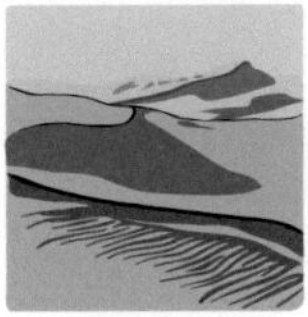

пустиня

pustinja

вулкан

vulkan

замък

dvorac

дъга

duga

гъба

gljiva

палма

palma

комар

moskito

муха

muha

мравка

mrav

пчела

pčela

паяк

pauk

бръмбар

buba

жаба

žaba

катеричка

vjeverica

таралеж

jež

заек

zec

кукумявка

sova

птица

ptica

лебед

labud

диво прасе

divlja svinja

елен

jelen

лос

los

бент

nasip

вятърна турбина

vjetrenjača

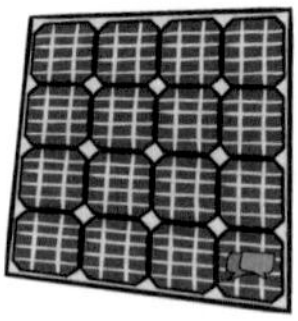

соларен модул

solarna ploča

климат

klima

ресторант

restoran

келнер
konobar
меню
jelovnik
стол
stolica
супа
supa
пица
pica
прибори за хранене
pribor za jelo
покривка за маса
stolnjak

предястие

predjelo

основно ястие

glavno jelo

десерт

desert

напитки

napitci

ядене

jelo

бутилка

boca

бързо хранене

fastfood

улична храна

imbis hrana

кана за чай

čajnik

кутия за захар

doza za šećer

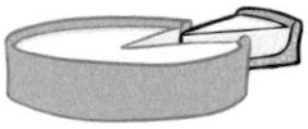

порция

porcija

еспресо машина

aparat za espresso

висок детски стол

visoka stolica

сметка

račun

табла

pladanj

ножица за нокти

nož

вилица

vilica

лъжица

žlica

чаена лъжичка

čajna žlica

салфетка

ubrus

стъклена чаша

čaša

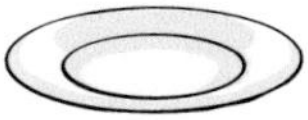

чиния

tanjur

чиния за супа

tanjur za supu

чинийка

tanjurić

сос

sos

солница

soljenka

мелничка за черен пипер

mlin za biber

оцет

ocat

олио

ulje

подправки

začini

кетчуп

kečap

горчица

senf

майонеза

majoneza

супермаркет

supermarket

оферта
ponuda
клиент
kupac
млечни продукти
mliječni proizvodi
плодове
voće
количка за покупки
kolica za kupnju
FOR

BUTCHERS

кланица

mesnica

BAKERY

хлебарница

pekarnica

тегля

vagati

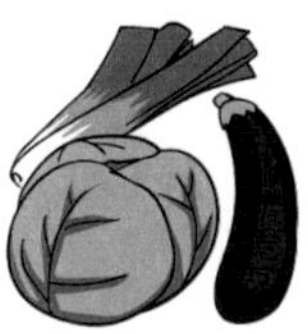

зеленчуци

povrće

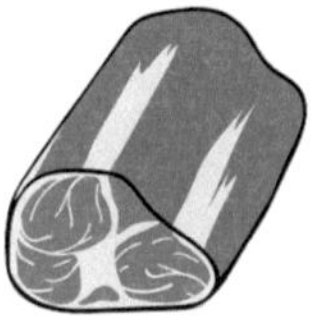

месо

meso

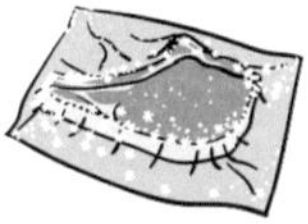

дълбоко замразена храна

duboko smrznuta hrana

нарязан колбас или сирене

narezak

консерви

konzerve

перилен препарат

sredstvo za pranje

лакомства

slatkiši

домакински изделия

artikli za domaćinstvo

почистващи препарати

sredstva za čišćenje

продавачка

prodavačica

каса

blagajna

касиер

blagajnik

списък на покупките

lista za kupnju

работно време

vrijeme rada

портфейл

novčanik

кредитна карта

kreditna kartica

чанта

torba

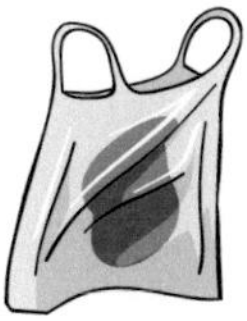

пластмасова торба

plastična vrećica

напитки
napitci

вода

voda

сок

sok

мляко

mlijeko

кола

cola

вино

vino

бира

pivo

алкохол

alkohol

какао

kakao

чай

čaj

кафе машина

kava

еспресо

espresso

капучино

cappuccino

ядене

jelo

банан

banana

ябълка

jabuka

портокал

naranča

пъпеш

lubenica

лимон

limun

морков

mrkva

чесън

češnjak

бамбук

bambus

лук

luk

гъба

gljiva

ядки

orašasti plodovi

макарони

rezanci

спагети

špagete

ориз

riža

салата

salata

пържени картофи

pomfrit

печени картофи

pečeni krumpir

пица

pica

хамбургер

hamburger

сандвич

sendvič

шницел

šnicla

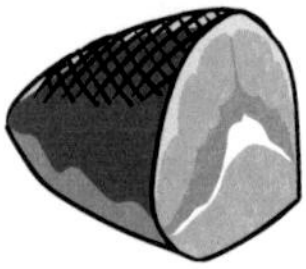

шунка

pršut

траен колбас

salama

салам

kobasica

пиле

kokoš

печено

pečenje

риба

riba

овесени ядки

zobene pahuljice

мюсли

musli

корнфлейкс

kukuruzne pahuljice

брашно

brašno

кроасан

roščić

хлебчета

pecivo

хляб

kruh

препечена филийка

toast

бисквити

keksi

масло

maslac

извара

svježi sir

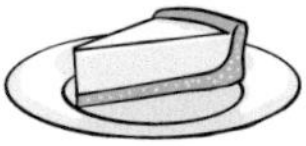

сладкиш

kolač

яйце

jaje

яйца на очи

jaje na oko

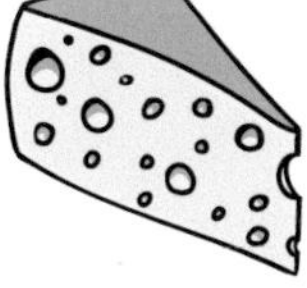

сирене

sir

сладолед

sladoled

захар

šećer

мед

med

мармалад

marmelada

нуга крем

nugat krema

къри

curry

селски двор
seosko gazdinstvo

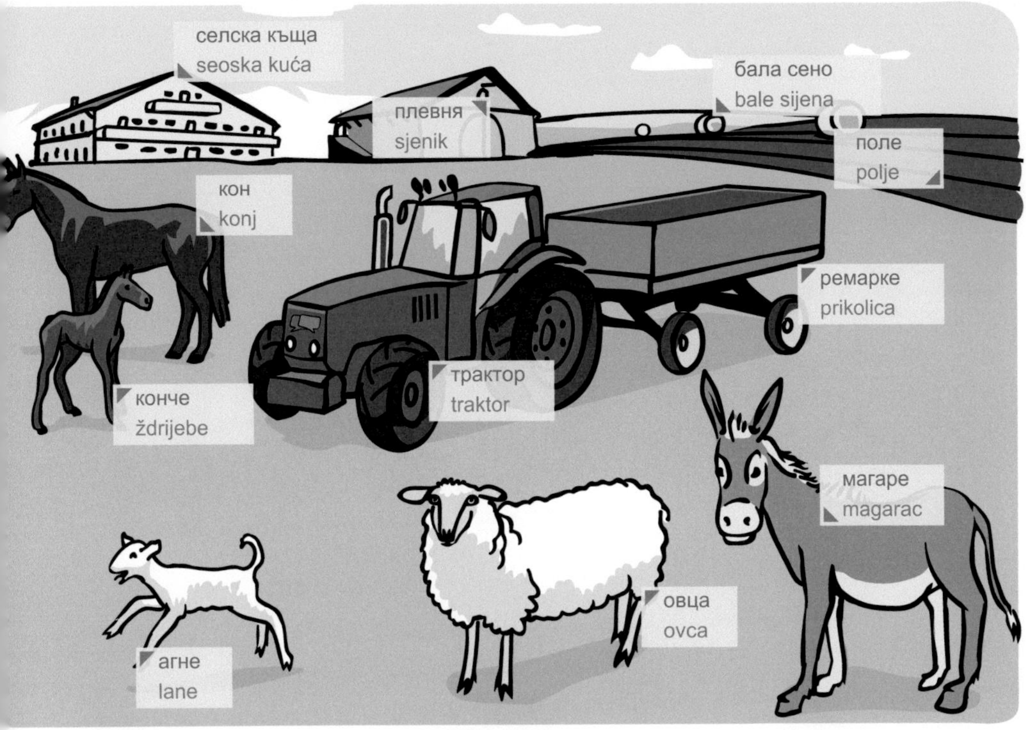
селска къща
seoska kuća
плевня
sjenik
бала сено
bale sijena
поле
polje
кон
konj
ремарке
prikolica
трактор
traktor
конче
ždrijebe
магаре
magarac
овца
ovca
агне
lane

коза
koza

крава
krava

теле
tele

свиня
svinja

прасенце
prase

бик
bik

гъска

guska

патица

patka

пиленце

pilići

кокошка

kokoš

петел

pijetao

плъх

pacov

котка

mačka

мишка

miš

вол

vol

куче

pas

кучешка колиба

kućica za psa

градински маркуч

vrtno crijevo

лейка

kanta za polijevanje

коса

kosa

плуг

plug

сърп

srp

мотика

motika

вила за тор

vilica za gnojivo

брадва

sjekira

ръчна количка

tačke

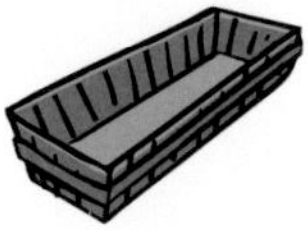

корито

korito

съд за мляко

posuda za mlijeko

чувал

vreća

ограда

ograda

обор

štala

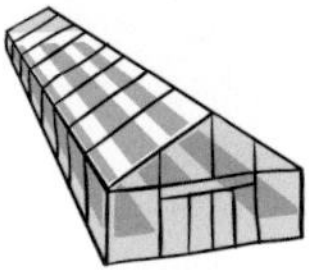

парник

staklenik

земя

zemlja

сеитба

sjeme

тор

gnojivo

комбайн

kombajn

жъна

žanjati

реколта

žetva

ямс

yams začin

жито

pšenica

соя

soja

картоф

krumpir

царевица

kukuruz

рапица

uljana repica

овощно дърво

voćka

маниока

gomolj manioke

зърнени храни

žitarice

къща

kuća

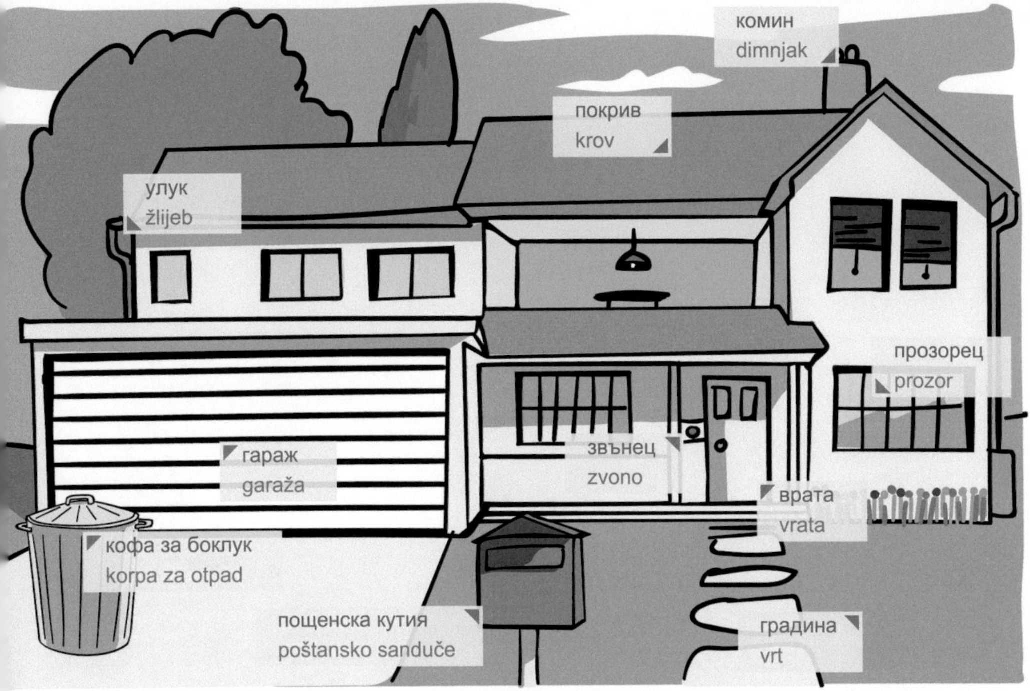
комин
dimnjak
покрив
krov
улук
žlijeb
прозорец
prozor
гараж
garaža
звънец
zvono
врата
vrata
кофа за боклук
korpa za otpad
пощенска кутия
poštansko sandučе
градина
vrt

всекидневна

dnevna soba

баня

kupaonica

кухня

kuhinja

спалня

spavaća soba

детска стая

dječija soba

трапезария

trpezarija

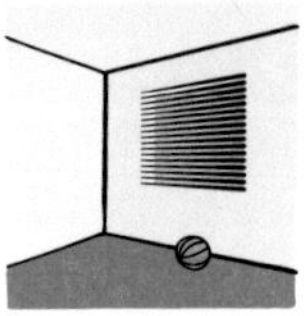

под

pod

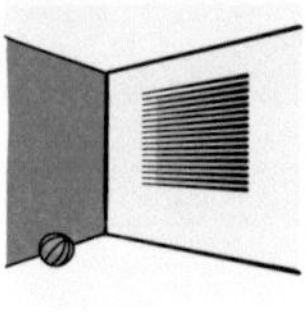

стена

zid

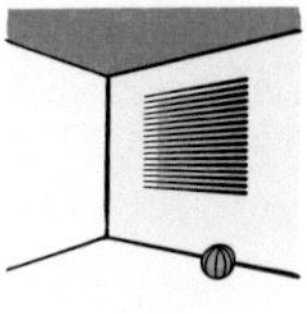

таван

strop

изба

podrum

сауна

sauna

балкон

balkon

тераса

terasa

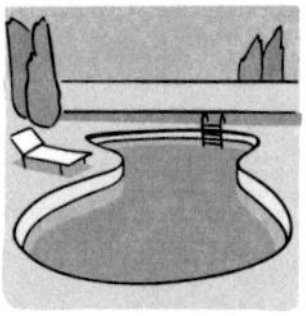

плувен басейн

bazen

косачка

kosilica za travu

спално бельо

posteljina za krevet

покривка за легло

deka za krevet

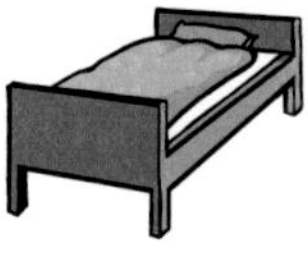

легло

krevet

метла

metla

кофа

kanta

електрически ключ

sklopka

всекидневна

dnevna soba

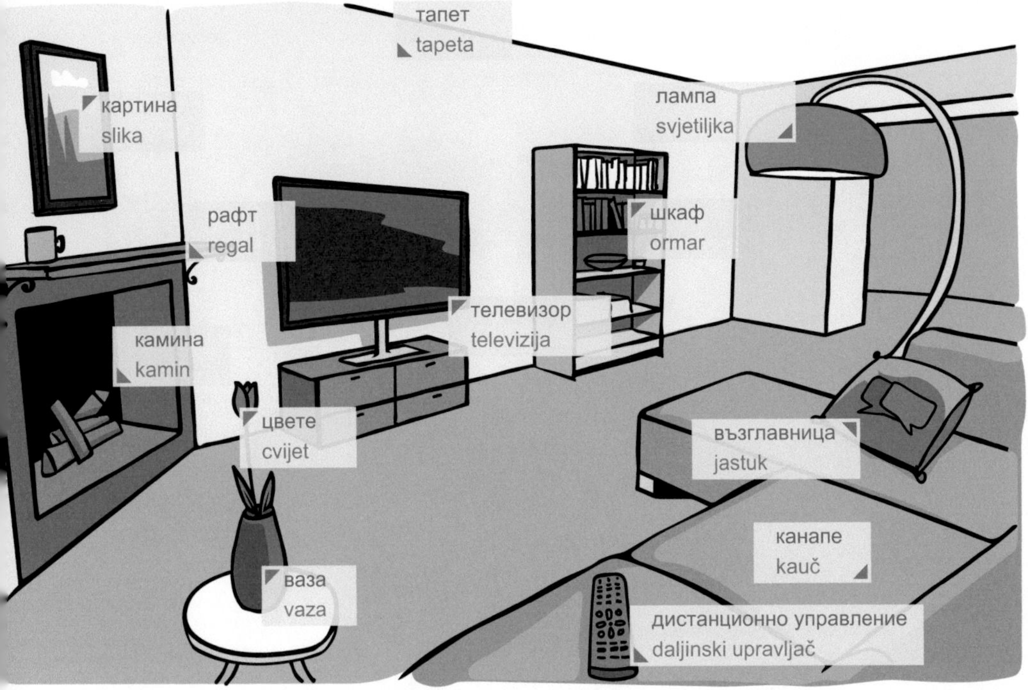

тапет
tapeta
картина
slika
лампа
svjetiljka
рафт
regal
шкаф
ormar
телевизор
televizija
камина
kamin
цвете
cvijet
възглавница
jastuk
канапе
kauč
ваза
vaza
дистанционно управление
daljinski upravljač

килим

tepih

завеса

zavjesa

маса

stol

стол

stolica

люлеещ се стол

stolica za njihanje

кресло

fotelja

книга

knjiga

одеяло

deka

декорация

dekoracija

дърва за отопление

drvo za ogrjev

филм

film

стерео уредба

stereo uređaj

ключ

ključ

вестник

novine

живопис

slika na platnu

постер

poster

радио

radio

бележник

blok za pisanje

прахосмукачка

usisavač

кактус

kaktus

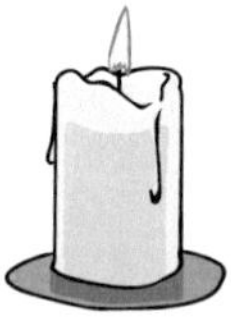

свещ

svijeća

кухня
kuhinja

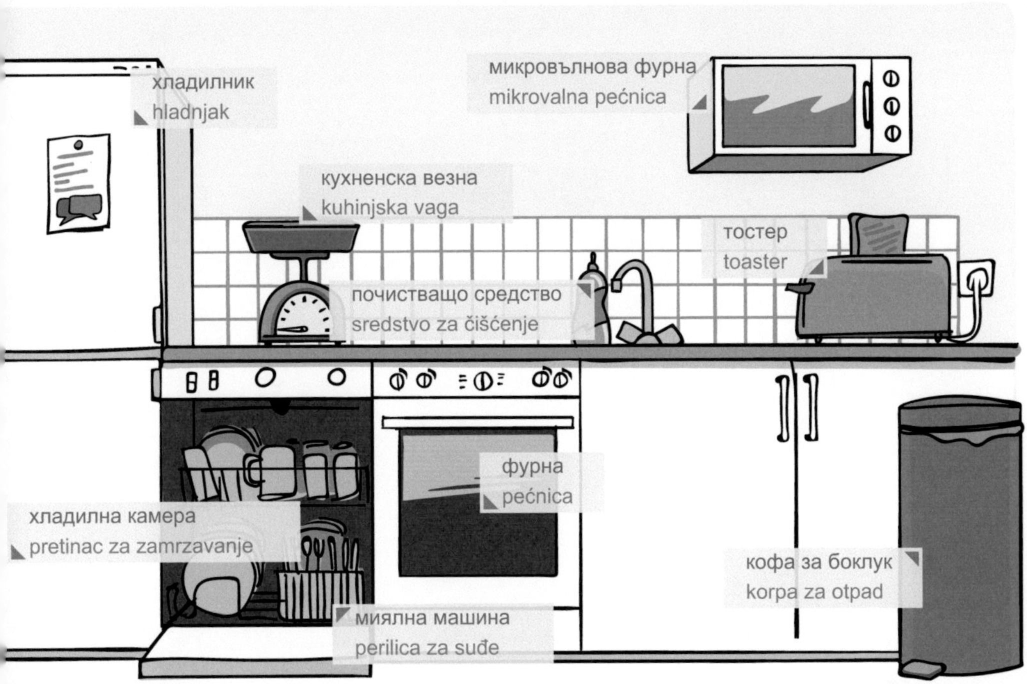
хладилник
hladnjak
микровълнова фурна
mikrovalna pećnica
кухненска везна
kuhinjska vaga
тостер
toaster
почистващо средство
sredstvo za čišćenje
фурна
pećnica
хладилна камера
pretinac za zamrzavanje
кофа за боклук
korpa za otpad
миялна машина
perilica za suđe

готварска печка

štednjak

тенджера

lonac

желязна тенджера

željezni lonac

уок / кадаи

wok / kadai

тиган

tava

кана за затопляне на вода

kuhalo za vodu

уред за готвене на пара

kuhalo na paru

тава за печене

lim za pečenje

съдове

posuđe

чаша

čaša

купа

zdjela

клечки за хранене

štapići za jelo

черпак

kutljača

лопатка за тиган

lopatica

тел за разбиване (на яйца, белтъци)

pjenjača

кошница за варене

sito za kuhanje

гевгир

sito

ренде

ribež

хаван

mužar

барбекю

roštilj

огнище

ognjište

дъска

daska

точилка

oklagija

тирбушон

vadičep

кутия

konzerva

отварачка за консерви

otvarač konzervi

кухненска ръкохватка

krpa za lonac

мивка

sudoper

четка

četka

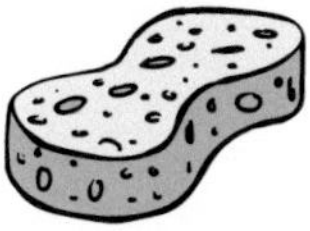

гъба

spužva

миксер

mikser

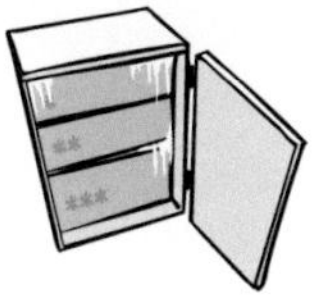

фризер

zamrzivač

бебешко шише

bočica za bebe

воден кран

slavina za vodu

баня

kupaonica

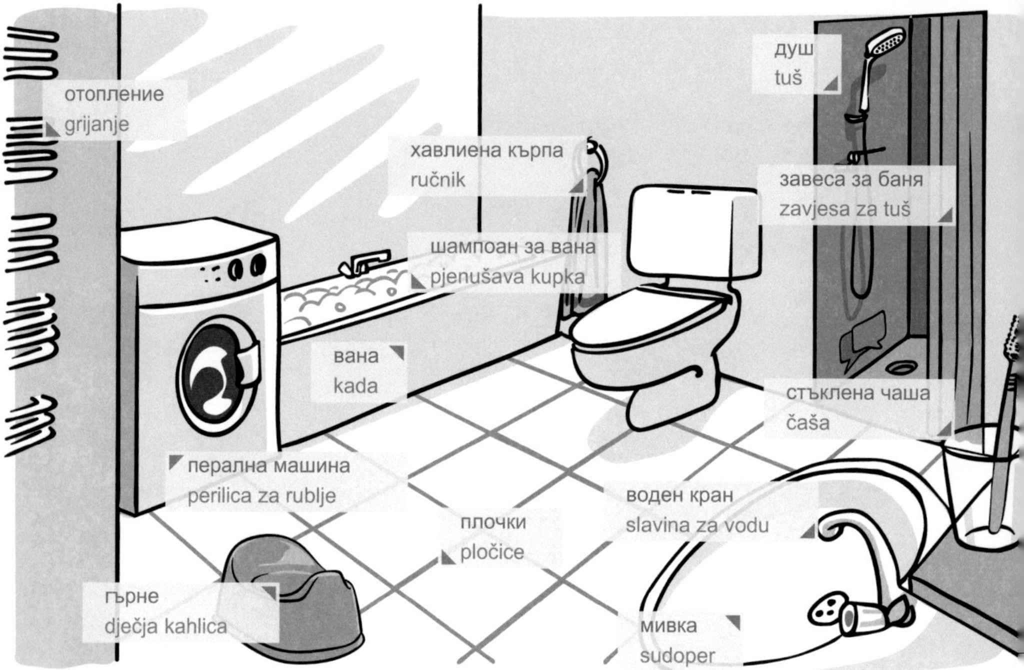

душ
tuš
отопление
grijanje
хавлиена кърпа
ručnik
завеса за баня
zavjesa za tuš
шампоан за вана
pjenušava kupka
вана
kada
стъклена чаша
čaša
перална машина
perilica za rublje
воден кран
slavina za vodu
плочки
pločice
гърне
dječja kahlica
мивка
sudoper

тоалетна

toalet

клекало

čučavac

биде

bidet

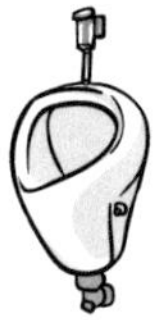

писоар

pisoar

тоалетна хартия

papir za toalet

четка за тоалетна

četka za toalet

четка за зъби

četkica za zube

паста за зъби

pasta za zube

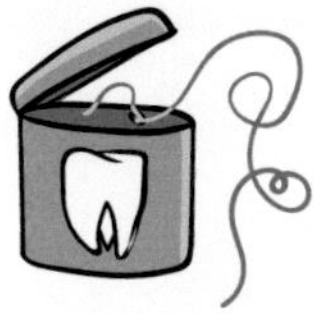

конец за зъби

konac za zube

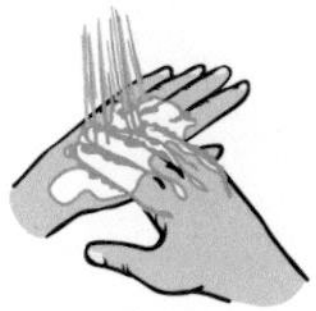

мия

prati

ръчен душ

tuš ručica

интимен душ

tuš za pranje intimnih dijelova

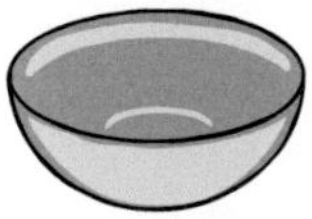

леген

lavor

четка за гръб

četka za pranje leđa

сапун

sapun

душ гел

gel za tuširanje

шампоан за вана

šampon

гъба за баня

krpa za pranje

сифон

odvod

крем

krema

дезодорант

dezodorans

огледало

ogledalo

козметично огледало

kozmetičko ogledalo

ръчна самобръсначка

brijač

пяна за бръснене

pjena za brijanje

одеколон за след бръснене

losion za poslije brijanja

гребен

češalj

четка

četka

сешоар

sušilo za kosu

спрей за коса

sprej za kosu

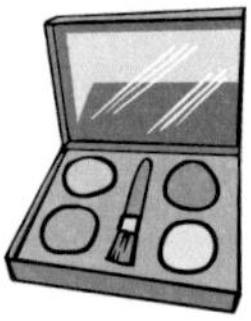

грим

makeup

червило

ruž za usne

лак за нокти

lak za nokte

памук

vata

ножица за нокти

škare za nokte

парфюм

parfem

тоалетна чантичка

neseser

табуретка

stolica

везна

vaga

хавлия

ogrtač

домакински ръкавици

rukavice za čišćenje

тампон

tampon

дамски превръзки

uložak

химическа тоалетна

kemijski toalet

детска стая

dječija soba

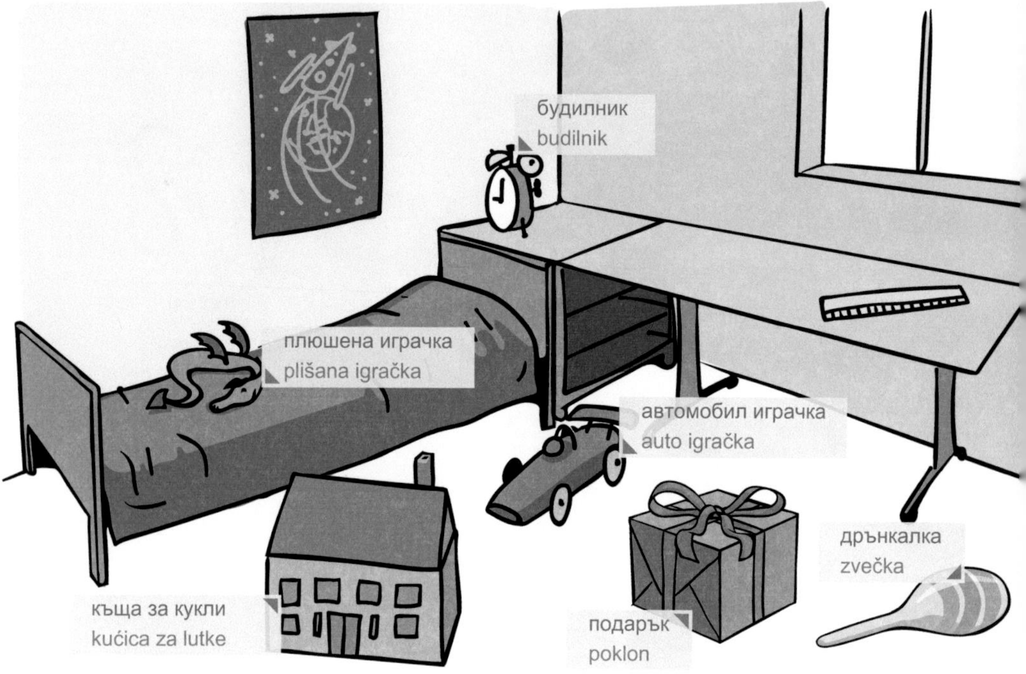
будилник
budilnik
плюшена играчка
plišana igračka
автомобил играчка
auto igračka
дрънкалка
zvečka
къща за кукли
kućica za lutke
подарък
poklon

балон

balon

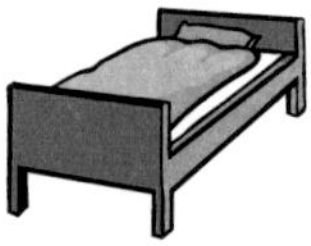

легло

krevet

детска количка

dječija kolica

игра на карти

igra s kartama

пъзел

slagalica

SUPER
MEGA

комикс

strip

лего елементи

lego kockice

строителни елементи

kockice za slaganje

екшън фигурка

akcioni junak

бебешки гащеризон

kombinezon za bebe

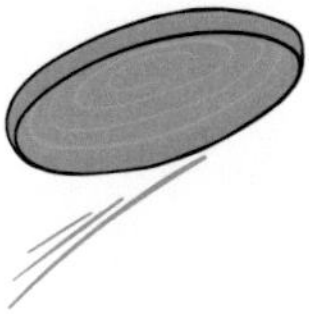

фрисби

frizbi

бебешки играчки за легло

viseće igračke

настолна игра

društvene igre

зарче

kocka

миниатюрно влакче

minijaturna željeznica

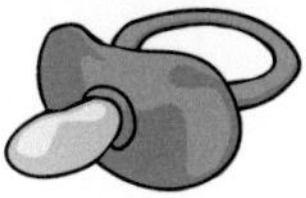

биберон

duda

парти

tulum

детска книга с илюстрации

slikovnica

топка

lopta

кукла

lutka

играя

igrati

пясъчник

pješčanik

люлка

ljuljačka

играчка

igračka

игрова конзола

konzola za igre

велосипед с три колелета

tricikl

плюшено мече

plišani medo

гардероб

ormar

облекло

odjeća

къси чорапи

kratke čarape

дълги чорапи

čarape

чорапогащник

hulahopke

шал
šal

чадър
kišobran

Т-шърт
t-shirt

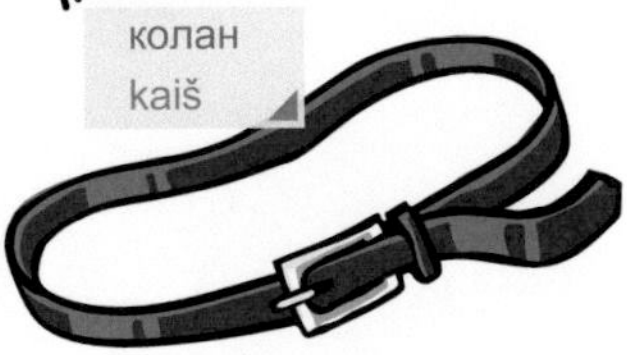
колан
kaiš

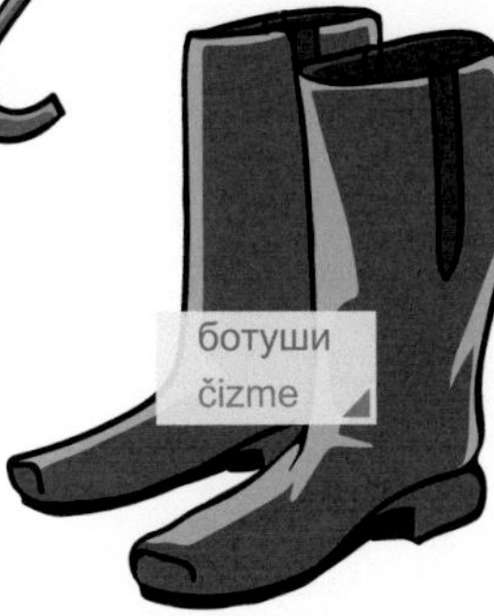
ботуши
čizme

гуменки
patike

пантофи
papuče

сандали

sandale

обувки

cipele

гумени ботуши

gumene čizme

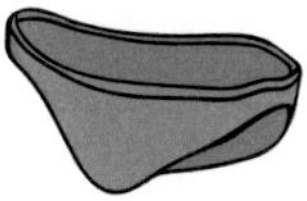

слип

gaćice

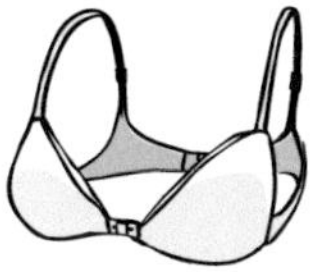

сутиен

grudnjak

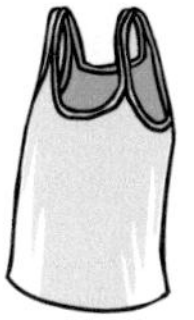

долна блуза

potkošulja

боди

bodi

панталон

hlače

дънки

džins

пола

haljina

блуза

bluza

риза

košulja

пуловер

džemper

суичър

pulover s kapuljačom

блейзър

blejzer

яке

jakna

палто

kaput

дъждобран

kabanica

костюм

kostim

рокля

haljina

булчинска рокля

vjenčanica

костюм

odijelo

нощница

spavaćica

пижама

pidžama

сари

sari

кърпа за глава

rubac

тюрбан

turban

бурка

burka

кафтан

kaftan

абая

abaja

бански костюм

kupaći kostim

плувни шорти

kupaće gaćice

къс панталон

kratke hlače

анцуг

odjeća za trening

престилка

pregača

ръкавици

rukavice

копче

gumb

очила

naočale

гривна

narukvica

верижка

ogrlica

пръстен

prsten

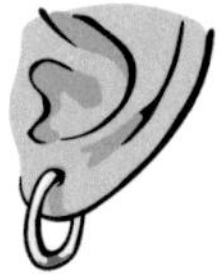

обеца

naušnica

каскет

kapa

закачалка

vješalica

шапка

šešir

вратовръзка

kravata

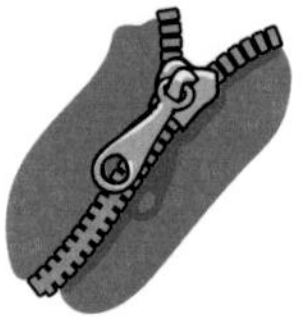

цип

patent zatvarač

каска

kaciga

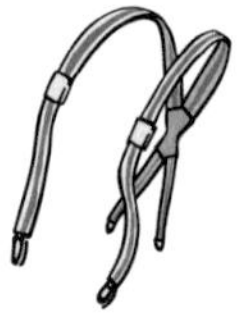

тиранти

naramenice

ученическа униформа

školska uniforma

униформа

uniforma

лигавник

podbradak

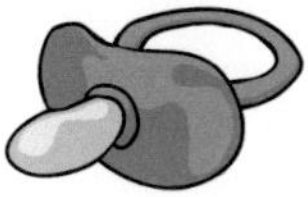

биберон

duda

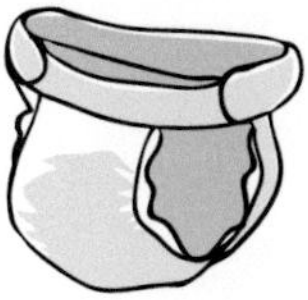

пелена

pelena

офис

ured

сървър
server
шкаф за документи
ormar za spise
принтер
pisač
хартия
papir
монитор
monitor
бюро
pisaći stol
мишка
miš
папка
mapa
клавиатура
tipkovnica
кошче за хартиени отпадъци
košara za papir
компютър
računar
стол
stolica

чаша за кафе

šalica za kavu

джобен калкулатор

kalkulator

интернет

internet

лаптоп

laptop

писмо

pismo

съобщение

poruka

мобилен телефон

mobilni telefon

мрежа

mreža

ксерокс

uređaj za kopiranje

софтуер

softver

телефон

telefon

контакт

utičnica

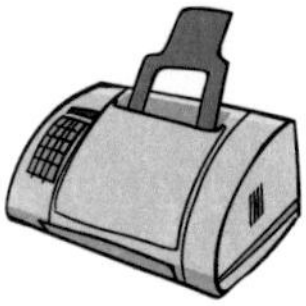

факс

faks

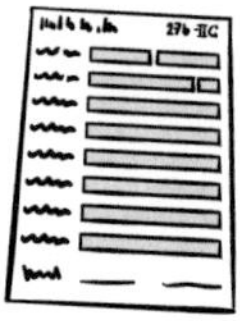

формуляр

obrazac

документ

dokument

иконномика
gospodarstvo

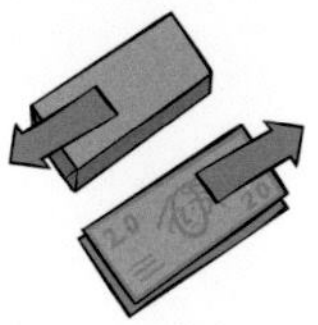

купувам

kupovati

плащам

platiti

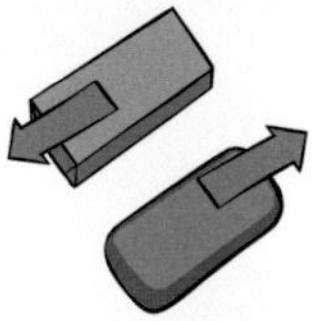

търгувам

trgovati

пари

novac

долар

dolar

евро

euro

йена

jen

рубла

rubalj

швейцарски франк

švicarski franak

ренминби юан

renmindbi yuan

рупия

rupija

банкомат

automat za novac

обменно бюро

mjenjačnica

злато

zlato

сребро

srebro

нефт

nafta

енергия

energija

цена

cijena

договор

ugovor

данък

porez

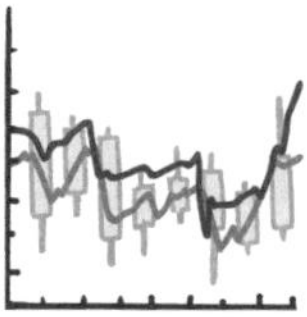

акция

dionica

работя

raditi

служител

službenik

работодател

poslodavac

фабрика

tvornica

магазин за цветя

prodavaonica

професии
zanimanja

полицай
policajac
пожарникар
vatrogasac
готвач
kuhar
лекар
liječnik
пилот
pilot

градинар

vrtlar

мебелист

stolar

шивачка

krojačica

съдия

sudija

химик

kemičar

артист

glumac

шофьор на автобус

vozač autobusa

шофьор на такси

vozač taksija

рибар

ribar

чистачка

čistačica

майстор на покриви

krovopokrivač

келнер

konobar

ловец

lovac

художник

slikar

хлебар

pekar

електротехник

električar

строителен работник

građevinski radnik

инженер

inženjer

касапин

mesar

тенекеджия

limar

пощальон

poštar

войник

vojnik

архитект

arhitekta

касиер

blagajnik

цветар

cvjećar

фризьор

frizer

кондуктор

kondukter

механик

mehaničar

капитан

kapetan

зъболекар

zubar

научен работник

znanstvenik

равин

rabi

имàм

imam

монах

monah

свещеник

svećenik

инструменти
alati

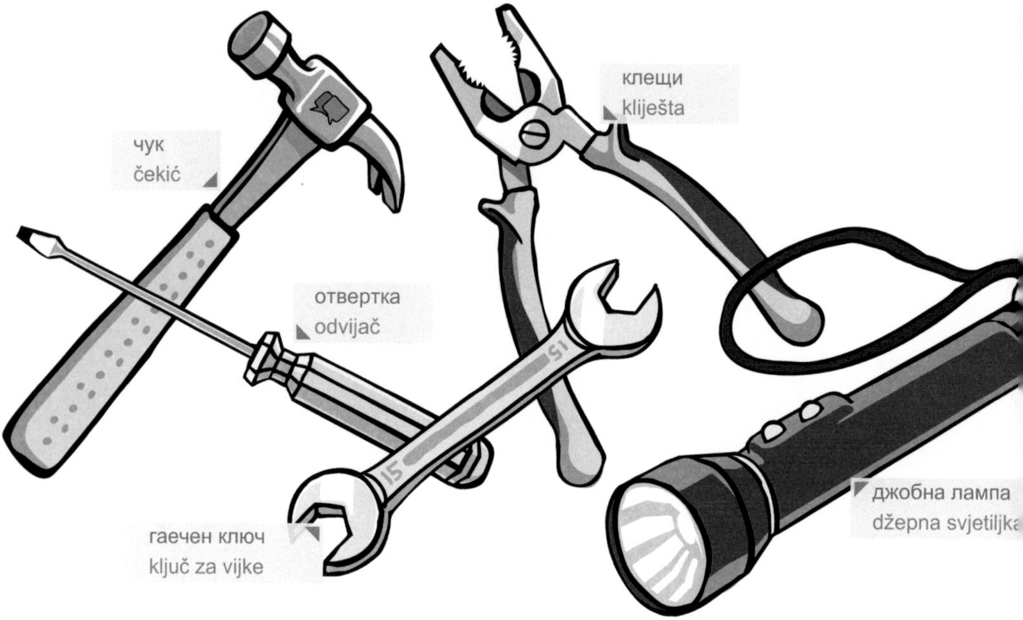
чук
čekić
клещи
kliješta
отвертка
odvijač
гаечен ключ
ključ za vijke
джобна лампа
džepna svjetiljk

багер

rovokopač

кутия за инструменти

kutija za alat

стълба

ljestve

трион

pila

пирони

ekser

бормашина

bušilica

ремонтирам

popraviti

лопата

lopata

По дяволите!

Sranje!

лопатка за смет

lopatica

кутия за боя

lonac za boju

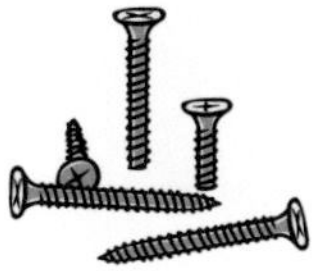

болтове

vijci

музикални инструменти

glazbeni instrument

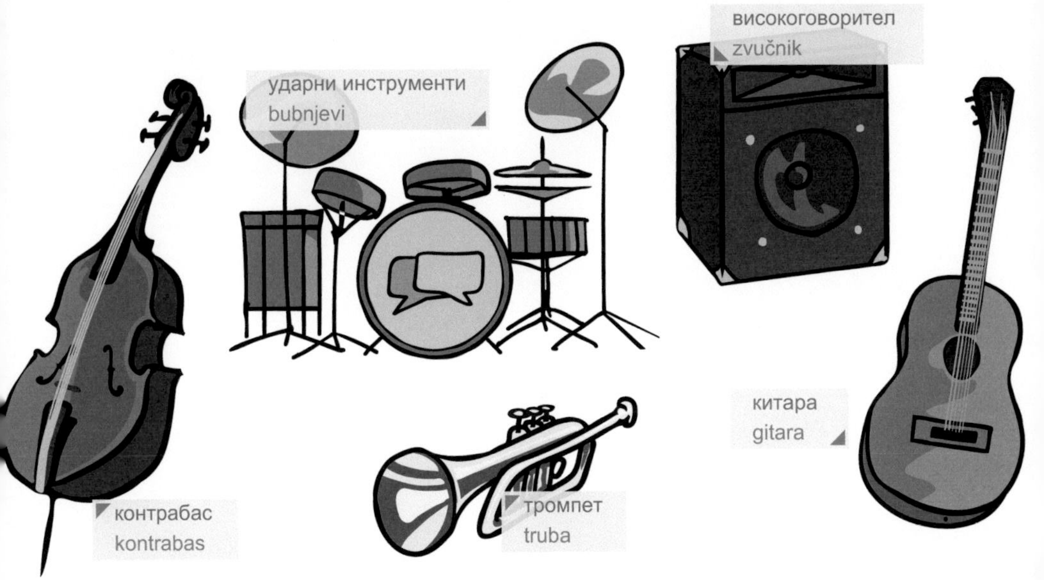
високоговорител
zvučnik
ударни инструменти
bubnjevi
китара
gitara
контрабас
kontrabas
тромпет
truba

пиано

klavir

виолина

violina

контрабас

bas

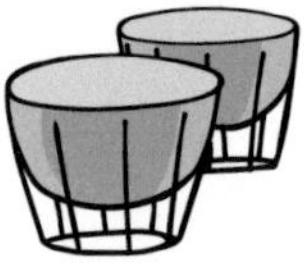

тимпан

timpani

барабан

udaraljke za bubnjeve

електрическо пиано

keyboard

саксофон

saksofon

флейта

flauta

микрофон

mikrofon

зоологическа градина

zoološki vrt

тигър
tigar
вход
ulaz
бръмбар
kavez
зебра
zebra
храна за животни
hrana za životinje
панда
panda

животни

životinje

слон

slon

кенгуру

kengur

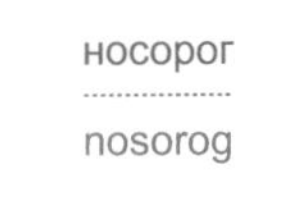

носорог

nosorog

горила

gorila

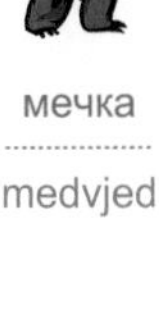

мечка

medvjed

камила

kamila

щраус

noj

лъв

lav

маймуна

majmun

фламинго

flamingo

папагал

papagaj

бяла мечка

polarni medvjed

пингвин

pingvin

акула

ajkula

паун

paun

змия

zmija

крокодил

krokodil

пазач в зоологическа градина

čuvar u zoološkom vrtu

тюлен

tuljan

ягуар

jaguar

пони

poni

леопард

leopard

хипопотам

nilski konj

жираф

žirafa

орел

orao

диво прасе

divlja svinja

риба

riba

костенурка

kornjača

морж

morž

лисица

lisica

газела

gazela

спорт
šport

американски футбол
američki nogomet
колоездене
biciklizam
тенис
tenis
баскетбол
košarka
плуване
plivanje
хокей на лед
hockey na ledu
бокс
boks

футбол
nogomet

бадминтон
badminton

лека атлетика
atletika

хандбал
rukomet

ски бягане
skijanje

поло
polo

дейности
aktivnosti

смея се
smijati se
скачам
skočiti
прегръщам
zagrliti
вървя
ići
пея
pjevati
сънувам
sanjati
моля се
moliti se
целувам
poljubiti

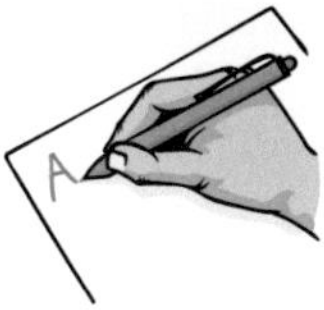

пиша

pisati

рисувам

crtati

показвам

pokazati

бутам

gurati

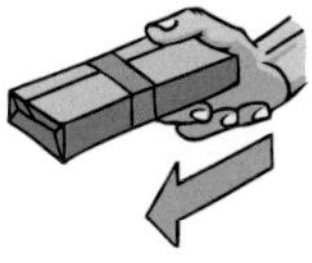

давам

dati

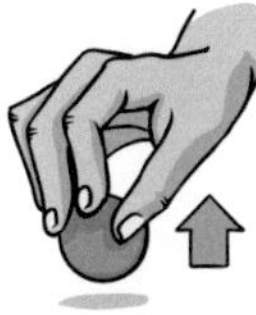

взимам

uzeti

имам

imati

правя

činiti

съм

biti

стоя

stojati

тичам

trčati

дърпам

povlačiti

хвърлям

baciti

падам

padati

лежа

ležati

чакам

čekati

нося

nositi

седя

sjediti

обличам

oblačiti

спя

spavati

събуждам се

probuditi se

разглеждам

gledati

плача

plakati

милвам

milovati

реша се

češljati

говоря

govoriti

разбирам

razumjeti

питам

pitati

слушам

slušati

пия

piti

ям

jesti

разтребвам

pospremiti

обичам

voljeti

готвя

kuhati

карам автомобил

voziti

летя

letjeti

плавам (с платна)

ploviti

смятане

računati

чета

čitati

уча

učiti

работя

raditi

женя се

vjenčati se

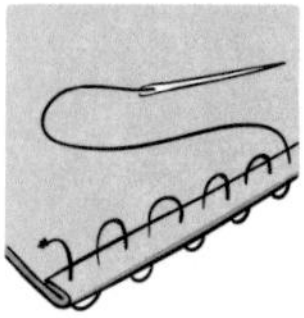

шия

šiti

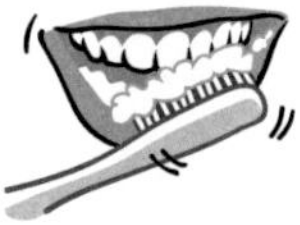

измивам си зъбите

prati zube

убивам

ubiti

пуша

pušiti

изпращам

poslati

баба
baka
дядо
djed
баща
otac
майка
majka
бебе
beba
дъщеря
kćerka
син
sin

посетител

gost

леля

tetka

чичо

ujak, stric

брат

brat

сестра

sestra

тяло

tijelo

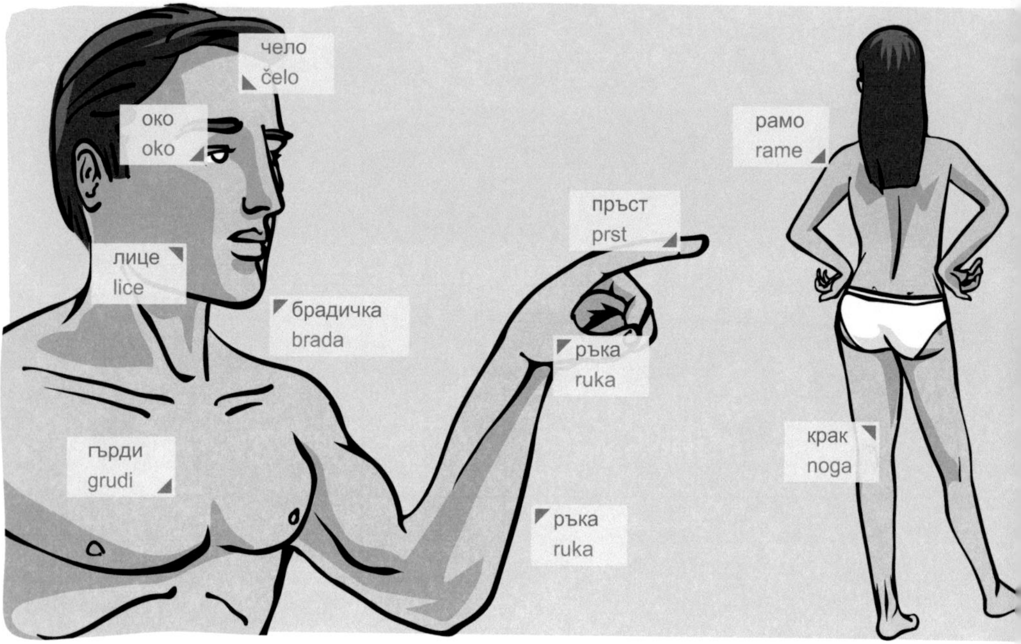
чело
čelo
око
oko
рамо
rame
пръст
prst
лице
lice
брадичка
brada
ръка
ruka
крак
noga
гърди
grudi
ръка
ruka

бебе

beba

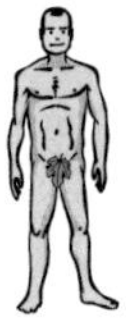

мъж

muškarac

жена

žena

момиче

djevojčica

момче

dječak

глава

glava

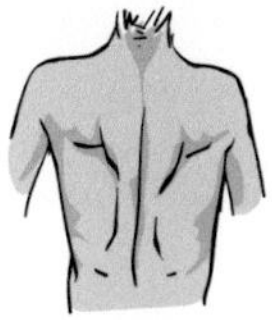

гръб

leđa

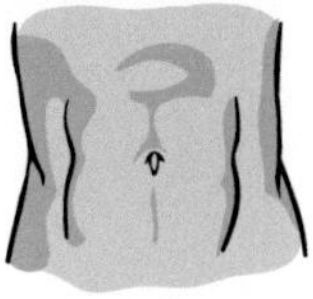

корем

trbuh

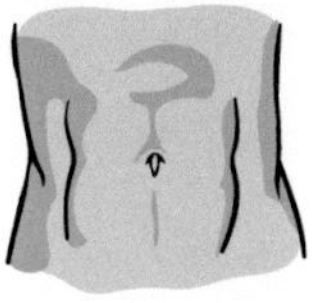

пъп

pupak

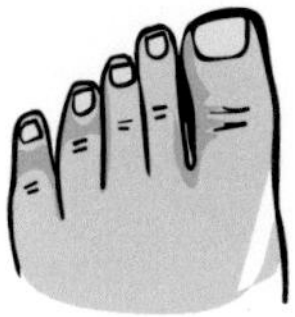

пръст на крака

nožni prst

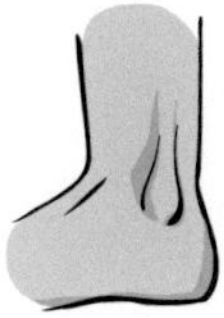

пета

peta

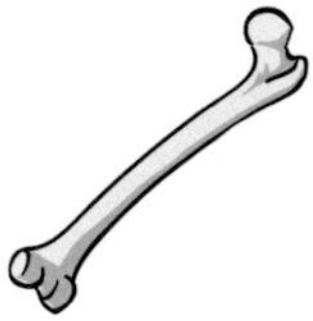

кост

kost

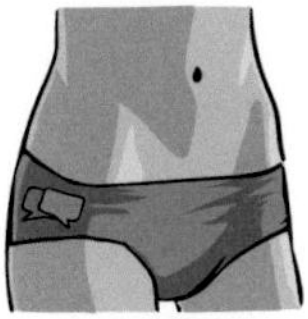

хълбок

kuk

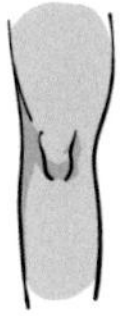

коляно

koljeno

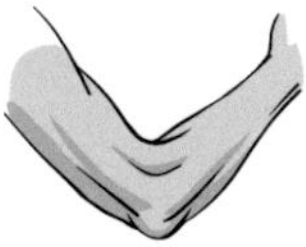

лакът

lakat

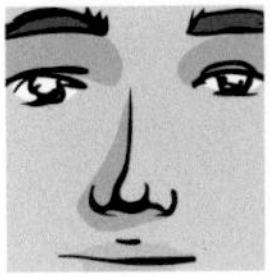

нос

nos

седалище

stražnjica

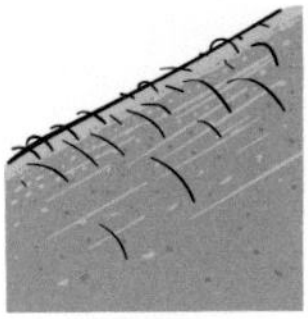

кожа

koža

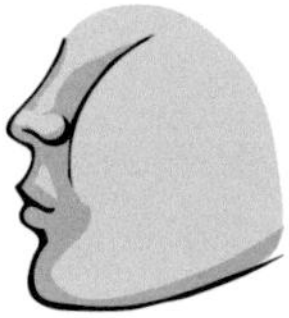

буза

obraz

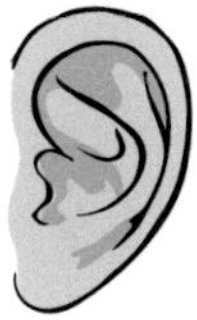

ухо

uho

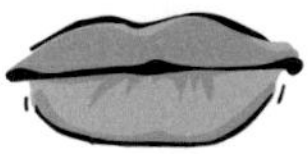

устна

usna

уста

usta

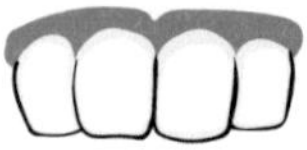

зъб

zub

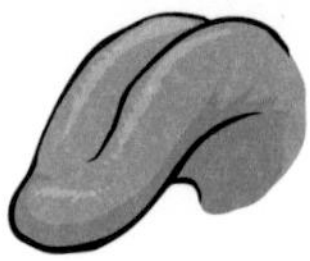

език

jezik

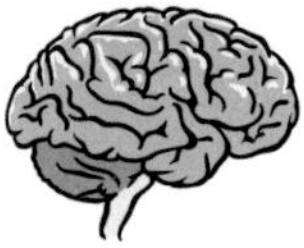

мозък

mozak

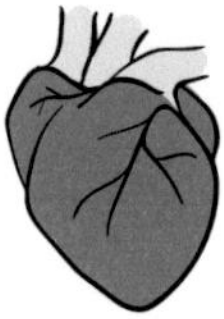

сърце

srce

мускул

mišić

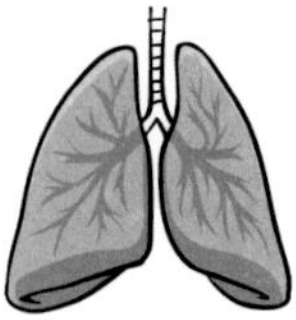

бял дроб

pluća

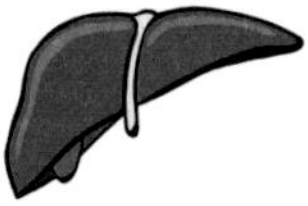

черен дроб

jetra

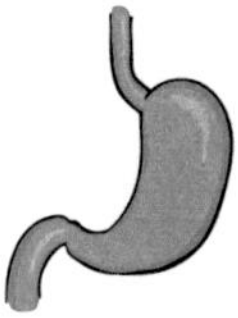

стомах

želudac

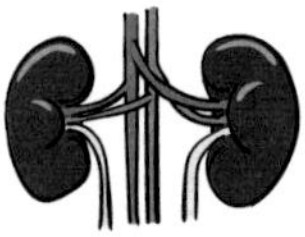

бъбреци

bubrezi

полово сношение

snošaj

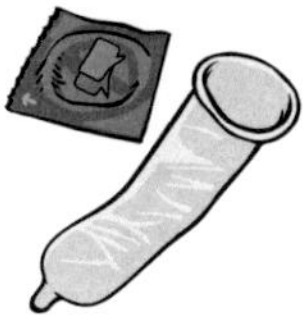

кондом

kondom

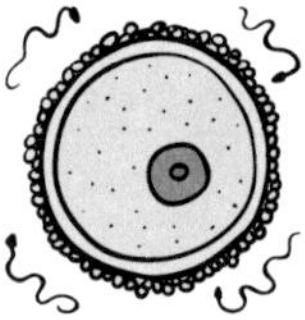

яйцеклетка

jajna stanica

сперма

sperma

бременност

trudnoća

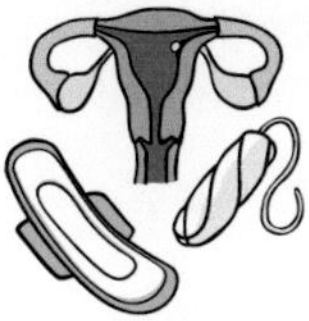

менструация

menstruacija

вагина

vagina

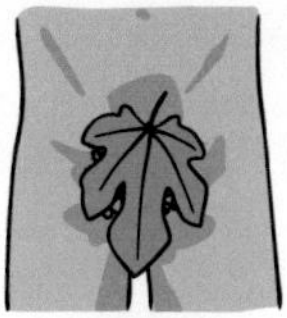

пенис

penis

вежда

obrva

коса

kosa

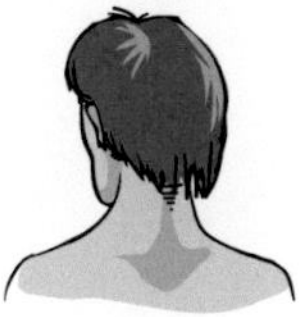

шия

vrat

болница
bolnica

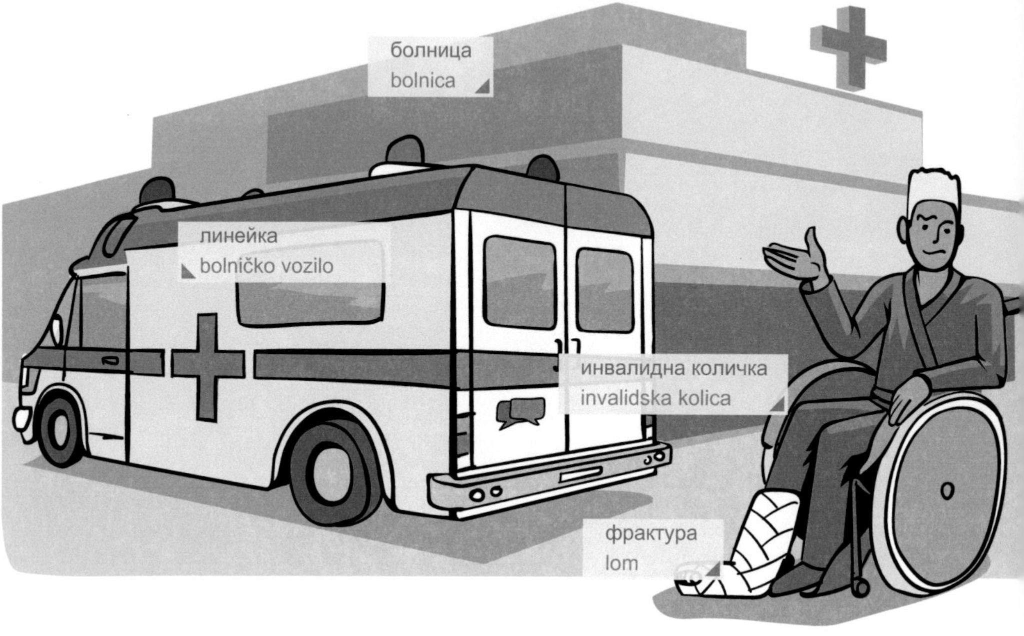
болница
bolnica
линейка
bolničko vozilo
инвалидна количка
invalidska kolica
фрактура
lom

лекар

liječnik

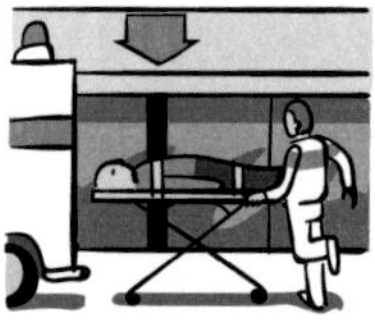

спешна хоспитализация

hitna medicinska služba

медицинска сестра

medicinska sestra

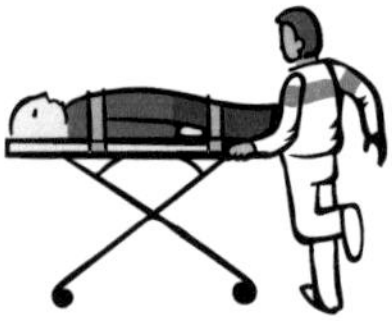

спешен случай

hitni slučaj

в безсъзнание

nesvijest

болка

bol

наранявне

ozljeda

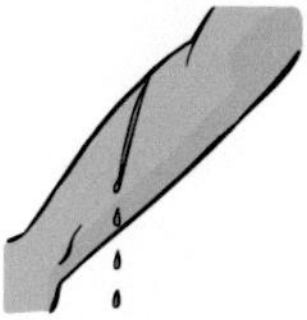

кървене

krvarenje

инфаркт

srćani infarkt

инсулт

moždani udar

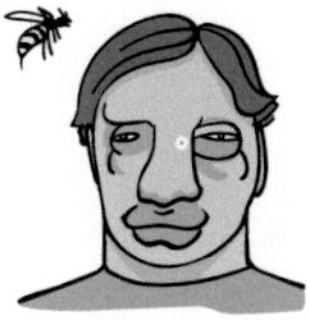

алергия

alergija

кашлица

kašalj

температура

groznica

грип

gripa

диария

proljev

главоболие

glavobolja

рак

rak

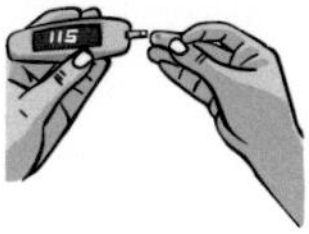

диабет

dijabetes

хирург

kirurg

скалпел

skalpel

операция

operacija

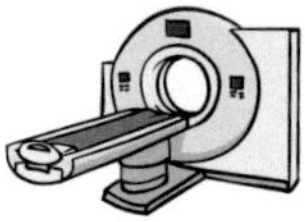

компютърна томография

ct

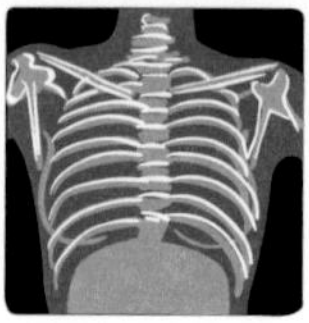

рентген

rentgen

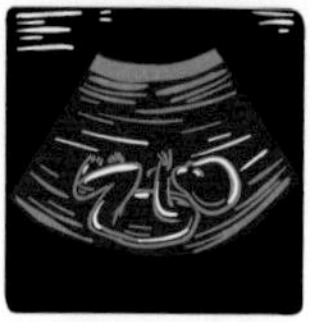

ултразвук

ultrazvuk

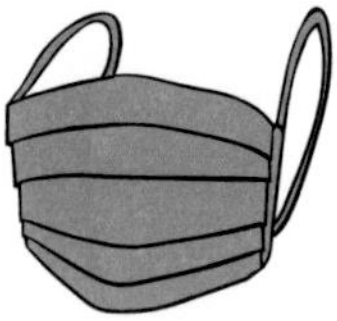

маска

maska

болест

bolest

чакалня

čekaonica

патерица

štaka

пластир

flaster

превръзка

zavoj

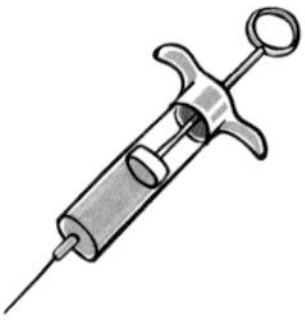

инжекция

injekcija

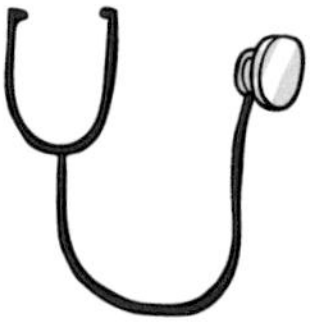

стетоскоп

stetoskop

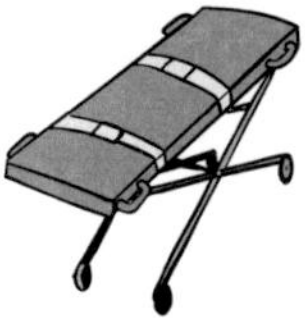

носилка

nosilo

термометър

termometar

раждане

rođenje

наднормено тегло

prekomjerna težina

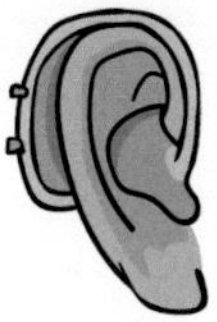

слухов апарат

slušni aparat

дезинфекционно средство

sredstvo za dezinfekciju

инфекция

infekcija

вирус

virus

HIV / AIDS

hiv / sida

медицина

medicina

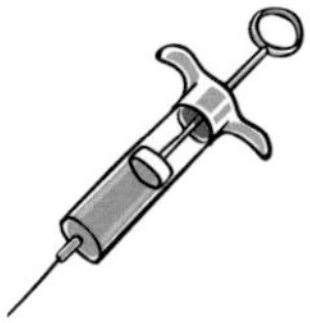

ваксинация

vakcinacija

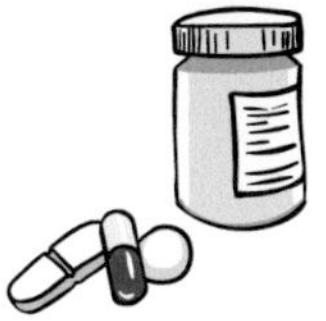

таблети

tablete

противозачатъчна таблетка

pilula

спешно телефонно обаждане

poziv u pomoć

апарат за измерване на кръвното налягане

uređaj za mjerenje tlaka

болен / здрав

bolesno / zdravo

спешен случай

hitni slučaj

Помощ!

pomoć!

сигнал за тревога

alarm

нападение

nasrtaj

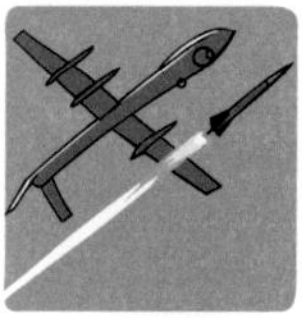

атака

napad

опасност

opasnost

авариен изход

izlaz za nuždu

Пожар!

požar!

пожарогасител

vatrogasni aparat

злополука

nezgoda

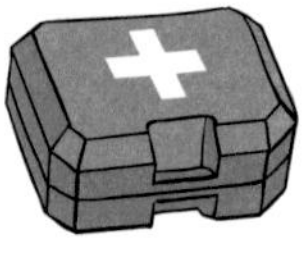

комплект за оказване на първа помощ

kofer prve pomoći

SOS

sos

полиция

policija

Земя
zemlja

Европа
Europa

Северна Америка
sjeverna amerika

Южна Америка
južna amerika

Африка
Afrika

Азия
Azija

Австралия
Australija

Атлантически океан
Atlantik

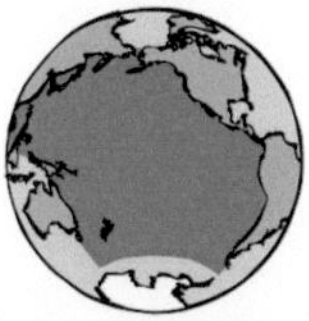
Тихи океан
Pacifik

Индийски океан
ocean

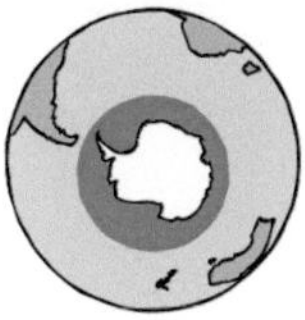
Южен ледовит океан
antarktički ocean

Северен ледовит океан
arktički ocean

Северен полюс
sjeverni pol

Южен полюс

južni pol

Антарктида

Antarktik

Земя

zemlja

суша

zemlja

море

more

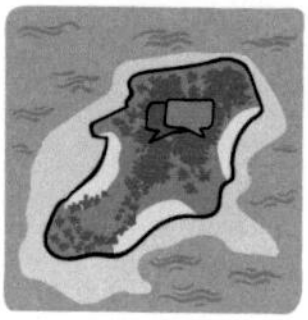

остров

otok

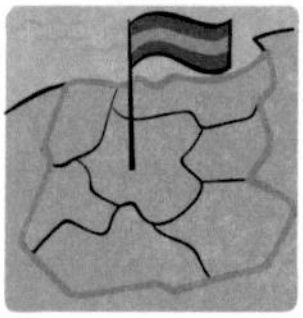

нация

nacija

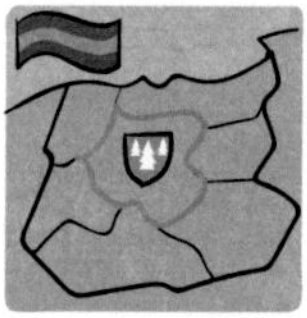

държава

država

часовник
sat

циферблат

brojčanik sata

стрелка на часовете

satna kazaljka

стрелка на минутите

minutna kazaljka

стрелка на секундите

sekundna kazaljka

Колко е часът?

Koliko je sati?

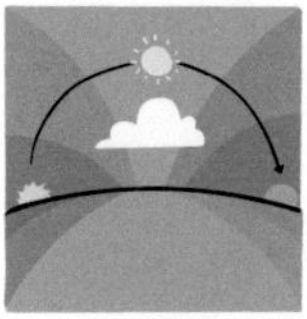

ден

dan

време

vrijeme

сега

sada

дигитален часовник

digitalni sat

минута

minuta

час

sat

седмица

tjedan

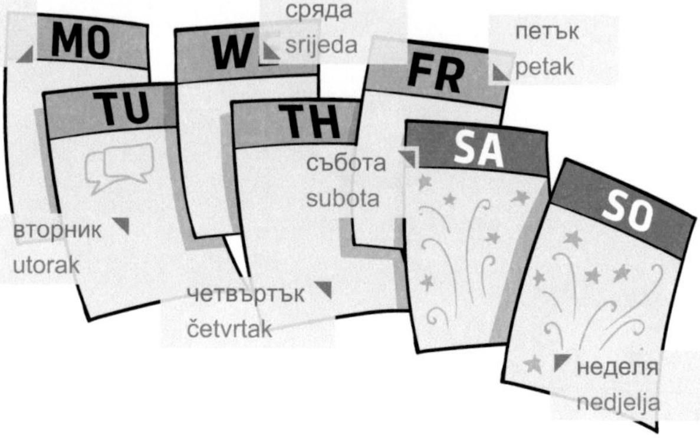

MO
TU
W
TH
FR
SA
SO

понеделник
ponedjeljak

вторник
utorak

сряда
srijeda

четвъртък
četvrtak

петък
petak

събота
subota

неделя
nedjelja

TUE
MON
21

вчера

jučer

TUE
2

днес

danas

TUE
3

утре

sutra

сутрин

jutro

обед

podne

вечер

večer

MO TU WE TH FR SA SU
1 2 3 4 5 6 7
8 9 10 11 12 13 14
15 16 17 18 19 20 21
22 23 24 25 26 27 28
29 30 31 1 2 3 4

работни дни

radni dani

MO TU WE TH FR SA SU
1 2 3 4 5 6 7
8 9 10 11 12 13 14
15 16 17 18 19 20 21
22 23 24 25 26 27 28
29 30 31 1 2 3 4

уикенд

vikend

година
godina

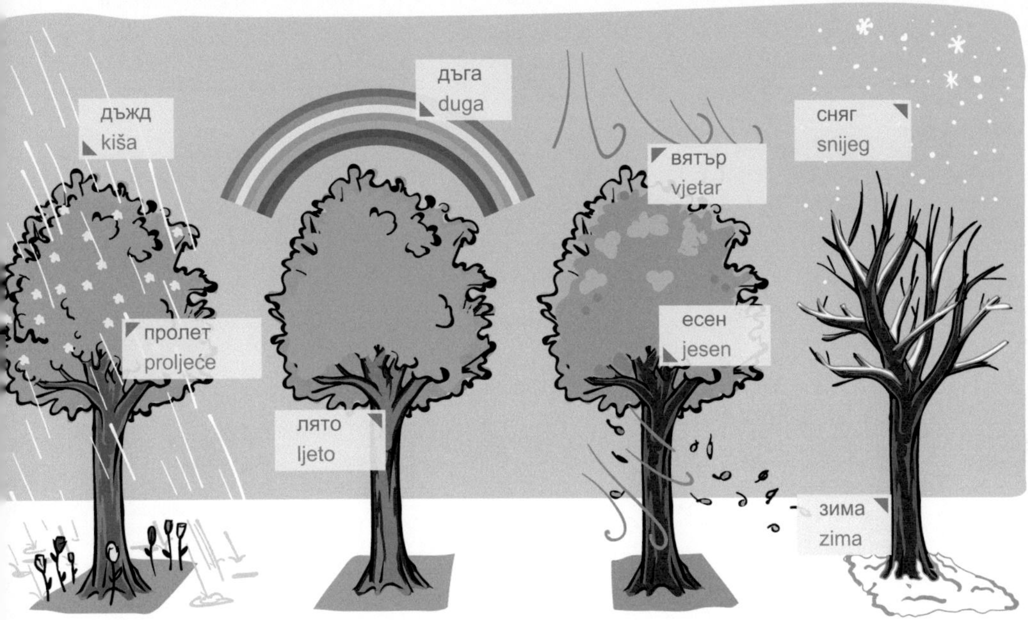
дъжд
kiša
дъга
duga
сняг
snijeg
вятър
vjetar
пролет
proljeće
есен
jesen
лято
ljeto
зима
zima

4.APRIL 11°
5.APRIL 4°
6.APRIL 13°
7.APRIL 8°
8.APRIL 10°

прогноза за времето

meteorološka prognoza

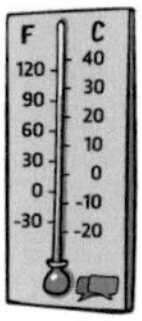
F C
120 40
90 30
60 20
30 10
0 0
-30 -10
-20

термометър

termometar

слънчева светлина

sunčana svjetlost

облак

oblak

мъгла

magla

влажност на въздуха

vlažnost zraka

светкавица

munja

гръмотевица

grmljavina

буря

oluja

градушка

tuča

мусон

monsun

наводнение

poplava

лед

led

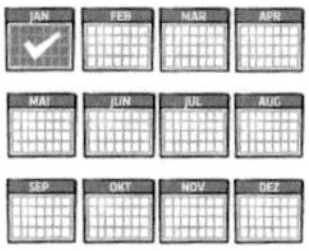

януари

siječanj

февруари

veljača

март

ožujak

април

travanj

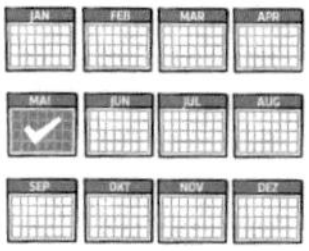

май

svibanj

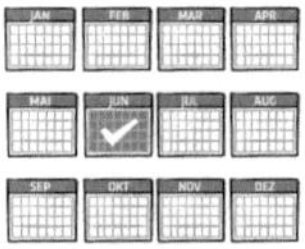

юни

lipanj

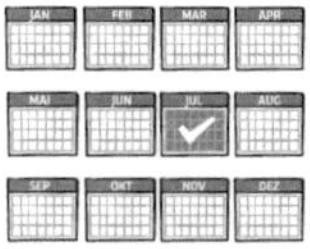

юли

srpanj

август

kolovoz

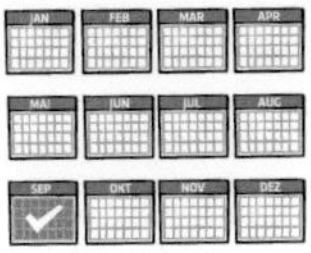

септември

rujan

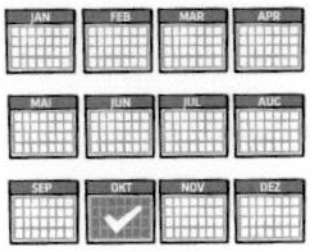

октомври

listopad

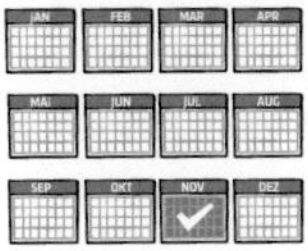

ноември

studeni

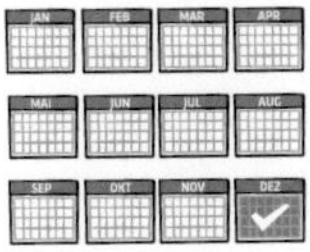

декември

prosinac

форми

oblici

кръг

krug

квадрат

kvadrat

четириъгълник

pravokutnik

триъгълник

trokut

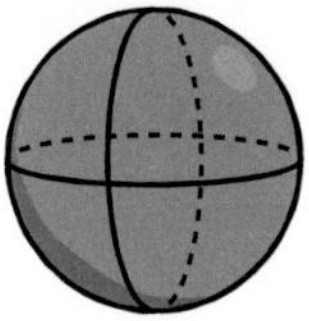

сфера

kugla

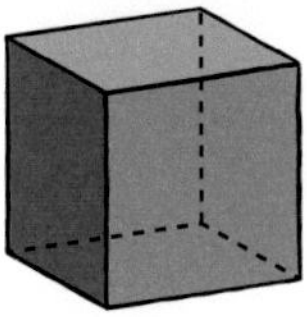

куб

kocka

цветове

boje

бял

bijela

жълт

žuta

оранжев

narančasta

розов

ružičasta

червен

crvena

лилав

ljubičasta

син

plava

зелен

zelena

кафяв

smeđa

сив

siva

черен

crna

противоположности
suprotnosti

много / малко

mnogo / malo

ядосан / спокоен

ljutito / mirno

красив / грозен

lijepo / ružno

начало / край

početak / kraj

голям / малък

veliko / maleno

светъл / тъмен

svijetlo / tamno

брат / сестра

brat / sestra

чист / мръсен

čisto / prljavo

пълен / непълен

potpuno / nepotpuno

ден / нощ

dan / noć

мъртъв / жив

mrtvo / živo

широк / тесен

široko / usko

ядлив / неядлив

jestivo / nejestivo

сърдит / любезен

zlo / dobro

развълнуван / скучаещ

uzbuđeno / dosadno

дебел / тънък

debelo / mršavo

най-напред / най-накрая

na početku / na kraju

приятел / враг

prijatelj / neprijatelj

пълен / празен

puno / prazno

твърд / мек

tvrdo / mekano

тежък / лек

teško / lagano

глад / жажда

glad / žeđ

болен / здрав

bolesno / zdravo

нелегален / легален

ilegalno / legalno

интелигентен / глупав

pametno / glupo

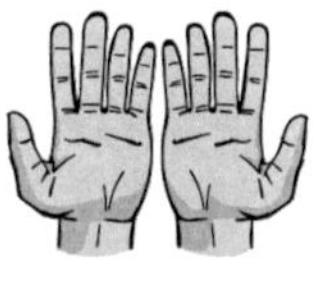

ляво / дясно

lijevo / desno

близо / далече

blizu / daleko

нов / употребяван

novo / rabljeno

нищо / нещо

ništa / nešto

стар / млад

staro / mlado

вкл. / изкл.

uključeno / isključeno

отворен / затворен

otvoreno / zatvoreno

тих / силен (звук)

tiho / glasno

богат / беден

bogato / siromašno

правилен / погрешен

točno / pogrešno

грапав / гладък

hrapavo / glatko

тъжен / щастлив

tužno / sretno

дълъг / къс

kratko / dugo

бавен / бърз

polako / brzo

мокър / сух

mokro / suho

топъл / студен

toplo / hladno

война / мир

rat / mir

числа
brojevi

0

нула

nula

1

едно

jedan

2

две

dva

3

три

tri

4

четири

četiri

5

пет

pet

6

шест

šest

7

седем

sedam

8

осем

osam

9

девет

devet

10

десет

deset

11

единадесет

jedanaest

12

двaнадесет

dvanaest

13

тринадесет

trinaest

14

четиринадесет

četrnaest

15

петнадесет

petnaest

16

шестнадесет

šestnaest

17

седемнадесет

sedamnaest

18

осемнадесет

osamnaest

19

деветнадесет

devetnaest

20

двадесет

dvadeset

100

сто

stotinu

1.000

хиляда

tisuću

1.000.000

милион

milijun

езици
jezici

английски

engleski

американски английски

američko engleski

китайски мандарин

kinesko mandarinski

хинди

hindi

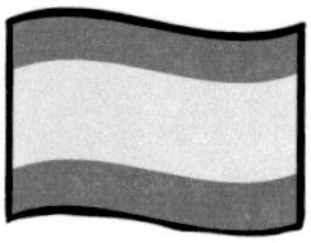

испански

španjolski

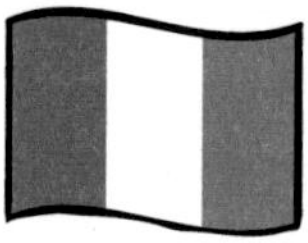

френски

francuski

арабски

arapski

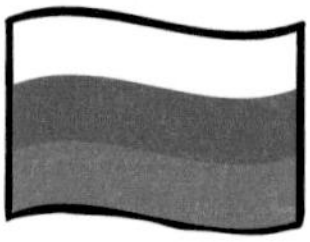

руски

ruski

португалски

portugalski

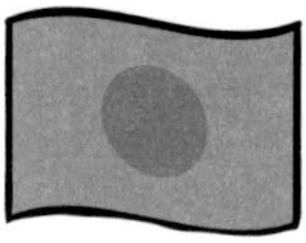

бенгалски

bengalski

немски

njemački

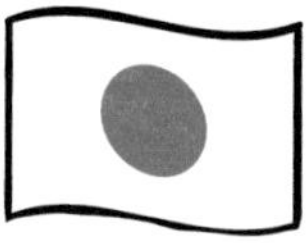

японски

japanski

кой / какво / как
tko / što / kako

аз

ja

ти

ti

той / тя / то

on / ona / ono

ние

mi

вие

vi

те

oni

кой?

tko?

какво?

što?

как?

kako?

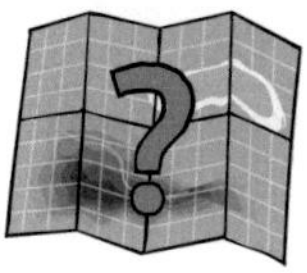

къде?

gdje?

кога?

kada?

име

ime

къде

gdje

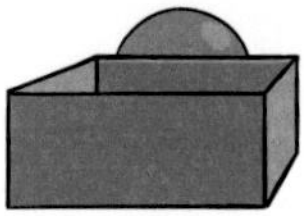

зад

iza

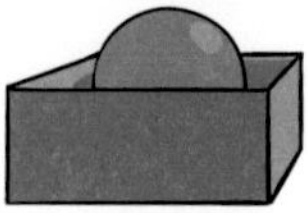

в

u

пред

ispred

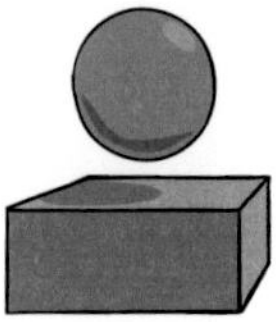

над

preko

върху

na

под

ispod

до

pored

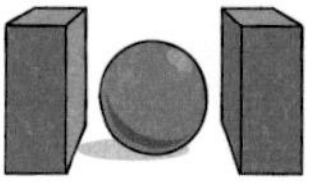

между

između

място

mjesto